QUELQUES RÉFLEXIONS

SUR LA

POLITIQUE EXTÉRIEURE

DU CABINET DU 29 OCTOBRE.

QUELQUES RÉFLEXIONS

SUR

LA POLITIQUE EXTÉRIEURE

DU CABINET DU 29 OCTOBRE.

PARIS.

IMPRIMERIE DE E.-J. BAILLY, PLACE SORBONNE, 2.

—

1844

QUELQUES RÉFLEXIONS

SUR LA

POLITIQUE EXTÉRIEURE

DU CABINET DU 29 OCTOBRE.

Les affaires extérieures et les lois d'intérêts matériels paraissent devoir appeler presque seules encore cette année l'attention des Chambres. A l'intérieur aucune grande question politique ne préoccupe bien sérieusement les esprits; car je ne puis qualifier ainsi le récent pèlerinage de quelques députés légitimistes. La morale publique seule a été outragée par le mépris affiché pour la religion du serment. Le gouvernement ne saurait voir du danger pour lui dans ces démonstrations. Elles ont montré qu'il y avait en France des partisans de la branche aînée. Qui donc l'ignorait? Ainsi nous sommes aujourd'hui ce que nous étions hier. Il n'y a qu'un scandale de plus ; mais il retombe sur nos adversaires, et prouve, à la gloire du gouvernement de juillet, la grande liberté dont nous jouissons. Il y a plus ; les carlistes se présentant avec leur propre bannière, sur laquelle on lira toujours le mot *contre-révolution*, et rendant, minorité imperceptible, hommage au duc de Bordeaux, sont beaucoup moins dangereux que lorsqu'ils se cachent sous le masque du libéralisme et vont former dans les colléges électoraux l'appoint des partis extrêmes. Loin de nous plaindre, remercions-les plutôt d'avoir repris la cocarde blanche qu'ils cachaient depuis quelques années ; car elle les condamne à une éternelle impuissance.

Quant à la lutte entre le clergé et l'Université, ou plutôt entre le clergé et l'État, je ne crois pas qu'il faille trop s'en alarmer. Le clergé n'est une difficulté et un danger que pour les gouvernements qui le persécutent ou pour ceux qui le caressent et veulent s'en faire un appui. Soyons avec lui justes, mais fermes. Sans doute l'Église et l'État ont ensemble trop de points de contact pour que les rapports entre eux ne soient pas toujours délicats et difficiles à régler. Il y aura donc de temps en temps des froissements. Il faut s'y attendre, ne pas s'en irriter, mais ne pas s'en effrayer non plus.

Ainsi à l'intérieur , aucune de ces grandes questions qui mettent en danger l'existence d'un cabinet et le sort d'un système politique. Malgré tous les efforts des partis pour alarmer le pays sur les prétendus empiétements du pouvoir, personne ne s'émeut. Les journaux et les orateurs de l'opposition attribuent à une coupable indifférence le calme des esprits : ils se trompent, ce n'est pas de l'indifférence, c'est de la sécurité. Si le pays ne prête pas l'oreille aux sinistres prophéties qu'on lui jette tous les matins, c'est qu'il se sent en pleine possession de toutes ses libertés. On a beau lui dire qu'il n'est pas libre, il regarde autour de lui, et, voyant les institutions fonctionner chacune dans la sphère que la constitution lui a tracée, il se rit des alarmes qu'on veut lui inspirer. On peut bien l'égarer un moment, mais la vérité finit par se faire jour, et il est assez difficile de le tromper longtemps sur les choses qui se passent sous ses yeux. Il n'en est pas de même des affaires extérieures qu'il connaît beaucoup moins ; aussi, l'opposition battue sur la politique intérieure dont le pays peut juger par lui-même, ne manque-t-elle pas depuis quelque temps de porter la lutte sur le terrain des questions extérieures. Là, elle se trouve tout à fait à son aise, et, grâce à l'ignorance et à l'obscurité qui règnent presque toujours sur ces questions, elle se donne carrière contre le gouvernement. Son rôle ici devient facile. D'abord, elle s'adresse aux plus nobles instincts du pays, elle irrite ces ombrageuses susceptibilités qu'un gouvernement doit respecter parce qu'elles sont honorables, mais dont il doit quelquefois combattre les égaremens. L'opposition, au contraire, les caresse, les exalte pour les exploiter dans l'intérêt de ses passions. La politique extérieure lui offre encore un autre avantage. Là elle dispose des faits souverainement, les modifie pour les ajuster à ses utopies, ne se fait même pas scrupule d'en inventer au besoin. Sa baguette magique arrange toutes

choses à sa fantaisie. La diplomatie est pour l'opposition le roman de la politique. Le public, disposé à ac-
cueillir avidement tout ce qui flatte l'orgueil national,
fait la moitié du succès de l'écrivain ou de l'orateur :
qui de nous, en effet, n'aime à rêver pour son pays
de brillantes destinées ?

Combien, au contraire, la tâche du gouvernement
est ingrate ! Non-seulement dans ses négociations
au dehors il se trouve sans cesse aux prises avec les
réalités qui ne se prêtent pas complaisamment à tout
comme les fictions de l'opposition ; mais encore lorsqu'il lui faut repousser dans les chambres les attaques
de ses adversaires, il n'a pas la liberté de ses allures.
C'est un des inconvénients du gouvernement représentatif, que les hommes d'État chargés de diriger les
affaires, et surtout les affaires extérieures, sont placés
dans cette alternative, ou de livrer à la publicité, au
grand détriment du pays, des choses qui doivent rester secrètes, ou de se laisser calomnier, faute de pouvoir faire connaître complétement les faits qui seraient leur justification. Ils sont donc souvent réduits
à réserver pour les conversations de la salle des confé-
rences ce qu'ils n'auraient pu dire à la tribune. Cette
publicité incomplète a ce double inconvénient d'exposer à d'injustes accusations, non-seulement les
ministres, mais encore les majorités qui les soutien-
nent. Le public n'a pas été à même de savoir, comme
les pairs et les députés, le côté secret des affaires, ce
qu'on appelle vulgairement le dessous des cartes ; or,
ce qui lui échappe est quelquefois précisément ce
qui a déterminé la majorité. De là ces accusations de
complaisance, de corruption même, pour des votes don-

nés avec la plus grande indépendance. On a souvent remarqué qu'après des élections générales, la Chambre nouvelle arrivait avec des dispositions peu bienveillantes, et, qu'après quelques mois de session, cette même Chambre se calmait peu à peu, et finissait par donner un ferme appui au Cabinet qu'elle semblait devoir renverser. Les partis et les hommes irréfléchis ne manquent jamais d'attribuer ces changements à des manœuvres corruptrices de la part des ministres. Cependant, pour qui veut se rendre compte des choses, il n'y a dans ces revirements d'opinions rien que de fort naturel et de fort honorable : c'est que les députés nouvellement élus sont arrivés avec des préventions, résultat inévitable d'une connaissance imparfaite des faits. D'abord en garde contre le pouvoir, mais disposés à s'éclairer, ils étudient de près les affaires, et sont bientôt initiés aux véritables motifs qui ont dirigé le Cabinet ; comme ils sont de bonne foi, ils finissent par rendre justice à la politique, que, de loin et dans leur ignorance, ils avaient jugée sévèrement.

Convenons-en, la partie n'est pas égale entre le ministère et l'opposition. Aucune responsabilité ne pèse sur celle-ci ; les paroles des organes du gouvernement, au contraire, ont une grande portée, elles retentissent à l'étranger et y sont recueillies avec soin : une plus grande réserve leur est donc imposée. Tandis que l'opposition dispose contre le Cabinet de tous les moyens d'attaque il est souvent obligé de renoncer, dans sa défense, à l'usage de ses meilleures armes. Un ministre des affaires étrangères ira-t-il, pour se justifier et faire apprécier ses actes à leur juste valeur, livrer aux mille échos de la tribune le secret de ses négociations? Dira-t-il les rivalités dont il a dû triompher, les intrigues qu'il a fallu déjouer? On sait le rôle que jouent dans les affaires les questions de personnes; de quelles difficultés les préventions d'un prince ou d'un ministre étranger, les défauts de son caractère compliquent une négociation. Le ministre des affaires extérieures peut-il entrer dans ces détails? Cependant ils sont souvent fort importants, et il a fallu quelquefois des prodiges d'habileté pour triompher d'obstacles que le public ignorera toujours. Un ministre qui se permettrait de les révéler serait mis au banc de la diplomatie. Aucun Cabinet ne voudrait traiter avec lui, et il créérait pour son pays les plus grandes difficultés dans la conduite de ses relations au-dehors. On n'a déjà que trop abusé depuis quelques années de la lecture des dépêches à la tribune.

Un gouvernement n'est pas seulement obligé de laisser ignorer la plus grande partie des difficultés qu'il a dû surmonter, il ne lui est pas permis quelquefois de dire toute l'importance des avantages qu'il a obtenus. Souvent une négociation, heureusement terminée, ne porte pas immédiatement tous ses fruits. Ce n'est qu'un germe que le temps doit développer et qui prépare de grands résultats. Mais il faut les dissimuler pour ne pas les compromettre. Dire l'arrière-pensée de ses négociations, laisser connaître à la puissance avec laquelle on a traité les conséquences que doit avoir un acte dont elle n'aurait pas aperçu la portée, ce serait la mettre sur ses gardes et s'exposer à manquer le but qu'on veut atteindre.

Ces traités dans lesquels un ministre s'est borné à déposer sans fracas une pensée d'avenir, ne sont pas les moins utiles. Le plus souvent cependant on ne lui en tient aucun compte. La plupart des hommes ne voient, ne comprennent que le présent ; l'avenir leur échappe. Et pourtant consultez l'histoire : les grands résultats dus à des combinaisons diplomatiques ont été préparés de longue main, et il faudrait remonter assez haut pour en trouver les premières traces qui ont été longtemps inaperçues.

On vante l'habileté du gouvernement russe ; mais on oublie que le temps est son meilleur allié, son plus puissant auxiliaire. C'est à lui qu'on peut appliquer cette définition de Buffon : le génie, c'est la patience. Là il y a des traditions qui se suivent avec persévérance, parce que le pouvoir y est plus stable qu'ailleurs. On pourrait citer tel but que la politique russe poursuit depuis un siècle. Elle marche à ses fins par une série d'actes qui, pris isolément, paraîtraient insignifiants ; on n'en comprend l'importance qu'au bout de longues années, et lorsqu'ils l'ont conduite au but qu'elle voulait atteindre. C'est, si je puis m'exprimer ainsi, un drame qui a son unité, mais dont l'action se développe lentement. Tout cela est-il possible chez nous avec l'instabilité des Cabinets? Comment diriger les affaires extérieures, qui veulent des desseins suivis avec persévérance, à travers des alternatives de succès et d'échecs, lorsqu'il faut compter avec cette impatience de l'esprit français qui veut d'un seul bond arriver au but ?

Nous sommes jaloux du temps, nous voulons nous passer de lui ; et pourtant, sans son concours, rien de grand ne se fait en ce monde. Sans doute, dans une pareille politique, il n'y a rien de dramatique, rien qui frappe l'imagination. Madame de Sévigné écrivait : «J'aime les grands coups d'épée.» En politique, nous sommes tous un peu comme madame de Sévigné, nous aimons les grands coups d'épée. Mais la politique doit-elle être toujours un drame? La Révolution et l'Empire nous ont habitués aux coups de théâtre : chaque matin, pour ainsi dire, un empire qui tombait, un autre qui s'élevait. C'était là un grand, un beau spectacle. Mais on sait combien tout cela a duré; qu'en reste-t-il? quelques belles pages dans notre histoire, les souvenirs d'un rêve brillant, mais court. Je me trompe; il nous en reste une sorte de culte pour la force qui courbe tout devant elle, un superbe dédain pour tout ce qui ne peut s'obtenir que par la patience, le travail, le respect des droits des autres; il nous en reste un besoin d'émotions continuelles. Nous sommes comme un public blasé auquel il faut tous les jours de nouveaux spectacles. Ce sont là de déplorables habitudes d'esprit qu'il faut chercher à réformer, si nous voulons être un peuple sérieux. La France nouvelle, chargée de faire elle-même ses destinées, de les faire laborieusement, et, pour ainsi dire, à la sueur de son front, doit avoir des mœurs plus graves et dignes des institutions de la liberté. Voyez-vous un ministre obligé, à chaque session, de rendre compte de ce qu'il a fait depuis six mois, et ironiquement interpellé par l'opposition sur le succès de ses négociations? Je le plains, s'il ne peut présenter des résultats certains, complétement atteints, et dont l'importance frappe les esprits les plus grossiers. Quelles accusations d'incapacité vont retentir contre lui ! Heureux encore si l'irritation produite au dehors par des déclamations imprudentes ne vient jeter une difficulté de plus dans ses négociations ! J'en appelle aux hommes de bonne foi : la diplomatie ne devient-elle pas difficile à de pareilles conditions, et ne créent-t-elles pas, vis-à-vis des Cabinets étrangers, un grand désavantage aux hommes chargés de nous représenter au dehors ?

Mon intention n'est pas de faire le procès au système représentatif. Ce gouvernement n'est pas seulement la meilleure forme politique pour concilier à l'intérieur l'ordre et la liberté, et faire prévaloir les vœux et les intérêts du pays ; il a encore, au point de vue de la politique extérieure, de grands avantages. Il y a des circonstances où il prête une grande force au gouvernement dans ses rapports avec l'étranger, en jetant dans la balance le poids des résolutions de tout un peuple. Ce n'est plus alors un Cabinet seulement, c'est une nation tout entière qui négocie. Dans ces grandes occasions le gouvernement représentatif est admirable. Mais pour la conduite ordinaire des affaires extérieures, il a peut-être chez nous quelques inconvénients qui tiennent moins encore à ses formes mêmes qu'aux défauts de notre caractère national. Ces inconvénients existent à peine en Angleterre, où il y a, pour les atténuer, des mœurs politiques et une plus longue pratique du régime constitutionnel.

J'ai indiqué quelques-unes des causes qui rendent difficile chez nous la conduite des affaires extérieures ; j'arrive maintenant à la plus grande, à la plus importante de toutes. La révolution française a produit en

Europe une perturbation qui dure encore : cela tient non-seulement à la position de la France au milieu du continent et en contact avec toutes les autres puissances, mais surtout au caractère philosophique de sa révolution. Elle était fondée, en effet, sur des idées élaborées depuis longtemps par les plus grands génies, et propagées dans toute l'Europe par tous les prestiges de l'imagination et par le caractère particulier de l'esprit français, c'est-à-dire de l'esprit le plus contagieux, parce qu'il est le plus net et le plus généralisateur. De là l'ébranlement que notre révolution a produit dans le monde et la nécessité où nous avons été de la défendre, les armes à la main, contre l'Europe entière, dont elle mettait tous les gouvernements en péril. Les deux principes politiques se sont d'abord mesurés sur les champs de bataille; après des luttes gigantesques, ils ont enfin compris qu'aucun des deux ne pouvant détruire l'autre, il fallait transiger et s'arranger pour vivre ensemble. Mais à l'hostilité ont succédé, de la part de l'Europe, la crainte permanente de voir se réveiller en France l'esprit de révolution et de conquête; de la part de la France, la pensée que l'Europe subissait notre révolution, mais ne l'acceptait pas sans arrière-pensée. Les événements de juillet sont venus aggraver cette situation : c'est qu'en effet personne ne pouvait en calculer la portée. La tribune chez nous retentissait de cris de guerre. A cette époque la France et l'Europe se sont effrayés mutuellement. Au fond, ni l'une ni l'autre ne voulait la guerre, mais elle pouvait naître de la frayeur qu'on s'inspirait de part et d'autre. L'Europe prit ses précautions; mais ces précautions même prouvaient que, loin de chercher à nous attaquer, c'était, au contraire, le réveil de l'esprit de propagande et de conquête qu'elle redoutait : toute son organisation militaire a été dominée par cette unique pensée. Des forteresses ont été élevées, des armées ont été formées avec de puissantes réserves destinées à défendre le sol et non à porter au loin la guerre. Partout le système défensif a prévalu : c'est là le caractère éminent de l'organisation militaire de l'Europe. Comment lui faire un crime de n'avoir pas cru alors au maintien de la paix, lorsque nous-mêmes nous n'osions y croire et que nous craignions de voir notre gouvernement débordé par les factions? La sagesse du roi n'était pas une garantie suffisante : il pouvait être entraîné. La grande majorité de la nation voulait la paix; mais on avait vu trop souvent dans le cours de notre première révolution les hommes sages, quoique les plus nombreux, se tenir à l'écart et laisser, par leur faiblesse, le champ libre à des minorités turbulentes qui finissaient par s'emparer du pouvoir. La fermeté du parti conservateur a donné un éclatant démenti à ces appréhensions. On a vu se former un grand parti constitutionnel, qui a d'autant plus le sentiment de sa force qu'il lui a fallu conquérir le pouvoir à la pointe de l'épée. Depuis la Chambre des députés jusqu'aux conseils municipaux, à tous les degrés de la représentation, partout où la nation intervient dans la direction de ses affaires, ce parti s'est trouvé en majorité; et il a si bien mis son empreinte sur nos institutions, il s'est si fortement emparé du pays, et ses traditions de gouvernement sont tellement accréditées, que dans les courts instants où les oscillations du système représentatif ont porté l'opposition au pouvoir, elle a oublié ses théories et n'a rien eu de plus pressé que d'adopter les pratiques gouvernementales de ses adversaires. Pendant que ce parti luttait à l'intérieur pour dégager de l'alliage des idées et des passions anarchiques, les principes sur lesquels doit reposer l'ordre nouveau, il a eu la gloire de maintenir la paix. Mais si la paix a été matériellement maintenue depuis treize ans, l'ordre moral, si je puis m'exprimer ainsi, n'a pas encore été rétabli dans nos relations au dehors. L'homme d'état qui dirige en ce moment nos relations extérieures paraît vouloir attacher son nom à l'accomplissement de cette œuvre. La question n'est plus posée aujourd'hui entre la paix et la guerre. Depuis longtemps la guerre n'est plus un danger qui nous menace. Le Cabinet actuel en a fait disparaître les dernières traces. Mais il est un service aussi grand qu'il veut rendre au pays ; il veut que cette paix heureusement maintenue depuis treize ans, et qui a été déjà si féconde pour le développement de notre prospérité intérieure, le soit également pour le développement de notre influence au dehors. Il faut pour cela que la France et l'Europe se comprennent enfin, et apprennent à se connaître. L'Europe est bien convaincue aujourd'hui que le triomphe de la révolution en France est un fait indestructible, et que si quelque chose peut en modérer le mouvement, le régler et lui ôter par là ce qu'il pourrait avoir de menaçant pour les autres États, c'est un gouvernement sorti de ses flancs, inspirant par son origine et sa nature toute confiance aux idées et aux intérêts nouveaux. L'expérience lui a fait voir qu'une autre dynastie, en in-

int par ses antécédents et les tendances qu'on
ppose, les intérêts nés de la révolution, ne fe-
x'en accélérer la marche. Elle ne demande donc
rivre en paix avec nous. Mais elle n'est pas en-
pleinement rassurée sur les conséquences du dé-
pement que nos libertés ont pris en 1830. Le
ruyant et quelquefois irrégulier de cette ma-
si compliquée qu'on appelle le gouvernement
sentatif la déconcerte encore. Elle ne sait pas
que, sous ce régime, rien ne fermente au
le la société, tout vient à la surface, et c'est cette
, ce bouillonnement des flots qui fait croire
sont profondément agités et que la tempête ap-
e. Grâce à la presse et à la tribune, toutes les
ns, tous les vœux, tous les sentiments, bons ou
ais, se produisent. Le gouvernement de juillet,
au centre des intérêts généraux du pays, répon-
à tous ses besoins, pouvant satisfaire tous ses
et suivre tous ses progrès, loin d'avoir à redou-
tte manifestation des sentiments publics que
que incessamment le régime constitutionnel, y
au contraire, sa force; car les bons sentiments
ortent de beaucoup sur les mauvais. Mais les
urs bruyantes des minorités turbulentes font il-
de loin aux étrangers qui ne connaissent pas,
e nous, leur impuissance. Faut-il s'étonner que
aintes, toutes chimériques qu'elles soient, trou-
iccès chez des hommes habitués au jeu régulier
rs gouvernements, lorsqu'elles sont quelquefois
gées, même chez nous, par des hommes amis de
stitutions et habitués depuis longtemps à les voir
onner sous leurs yeux? Tandis que nous effrayons

l'Europe par le spectacle de nos luttes intérieures, l'opposition, de son côté, promène incessamment ses regards sur toute la surface du monde, cherchant avec empressement et recueillant avec joie les moindres faits qui peuvent présenter, au premier abord, un caractère fâcheux pour nous, les grossissant, les envenimant afin d'exciter les ombrageuses susceptibilités du pays.

Il s'agit de savoir si l'Europe et la France doivent toujours rester l'une vis-à-vis de l'autre dans cette situation de défiance réciproque, de soupçons, de langage sinon hostile, au moins peu bienveillant. Tant qu'elle durera, vous aurez la paix ; mais elle sera stérile pour votre influence au dehors. Attendez-vous à rencontrer, dans toutes les grandes affaires où vous serez intéressés, de la réserve et un concours peu empressé. J'entends l'opposition s'écrier ironiquement : « Oui, nous devons être sages. » Qu'elle me permette une réflexion. Si nous pouvons nous passer de tout le monde, ne tenons aucun compte des craintes, des répugnances, des préjugés des gouvernements étrangers. Mais si, par notre position dans le monde, nous sommes en contact avec tous les autres peuples, si nos intérêts sont comme entremêlés avec les leurs, sachons alors compter avec eux. Renonçons à cette situation de demi-hostilité vis-à-vis de l'Europe, ou résignons-nous à la voir se renfermer à notre égard dans une froide neutralité. Pourquoi donc, après tout, n'en serait-il pas des nations comme des individus ? Est-on obligé de servir bien activement les gens qui nous montrent peu de bienveillance et quelquefois même de l'hostilité ?

Faisous donc entrer dans tous les esprits, en Europe, la conviction que nous voulons la paix, non comme un besoin et un expédient du moment, mais comme la politique de la civilisation et la seule qui convienne désormais aux nations. C'est là une tâche qui a été entreprise par l'administration actuelle. Rendons grâces à M. Guizot d'avoir renoncé, pour accomplir cette œuvre vraiment patriotique qui lui méritera la reconnaissance du pays, à la popularité de carrefour que dispensent les partis. Le Cabinet dont il fait partie a montré que ce n'est pas seulement par des actes, par des protocoles qu'un ministère peut servir les intérêts du pays dans ses relations au dehors, mais encore et surtout par sa conduite générale, par son langage, par l'esprit qui anime toute sa politique. Non-seulement il nous a déjà fait regagner tout le terrain que nous avions perdu par les fautes du ministère du 1er mars, mais encore il a avancé beaucoup le moment où nous pourrons voir tomber complétement ces défiances qui nous cernent pour ainsi dire de toute part et nuisent au développement de notre influence. Quel est le fait qui domine toute la politique Européenne ? N'est-ce pas la crainte profonde, permanente, qu'inspire au dehors la France révolutionnaire ? N'est-ce pas ce sentiment qui a jeté tous les Cabinets hors de leurs voies, hors des alliances que pouvait créer la conformité des intérêts ? C'est cette situation anormale qu'il faut faire cesser, et, pour cela, il faut faire disparaître la cause qui l'a produite et maintenue jusqu'ici. Il faut effacer les dernières traces de cette défiance dans laquelle l'Europe se tient à notre égard. Pour que la paix soit féconde, il faut que l'on croie à sa durée; pour que l'Europe croie à sa durée, il faut qu'elle voie clairement que la paix est dans les sentiments comme dans les intérêts de la France, que ce n'est pas seulement tel cabinet qui en veut le maintien, mais l'immense majorité du pays.

Il faut qu'à cet égard notre langage et notre conduite de chaque jour soient d'accord avec notre volonté. Nous devons convaincre les peuples étrangers que nous avons définitivement, sincèrement abjuré ces sentiments hostiles qui étaient louables et patriotiques quand on voulait attenter à notre grandeur ou à notre liberté, mais qui sont des anachronismes aujourd'hui. Il ne faut pas laisser croire que nous subissons la paix comme une nécessité, mais que nous en rougissons, et que nous aimerions mieux la guerre si nous avions l'espérance de la faire avec avantage. Que notre langage ne soit pas toujours celui d'une nation qui se croit humiliée et n'attend que l'occasion d'une éclatante revanche. Y a-t-il de la dignité à se croire toujours insulté? Ayons davantage le sentiment de notre force. Si quelquefois notre politique subit des échecs, ces échecs même sont un témoignage de la haute opinion qu'on a de notre puissance ; on ne se ligue pas contre ce qui est faible. Une politique sincèrement amie de la paix pourra seule délier ce faisceau d'influences contraires à la nôtre, qui gênent notre action au dehors. Parmi les gouvernements qui paraissent peu bienveillants pour nous, il en est qui ne redoutent notre ascendant que parce qu'ils craignent de voir cet ascendant mis un jour au service des passions de la révolution ; qu'ils soient rassurés par notre politique, et nous les verrons venir à nous. Nous en avons vu récemment un exemple. Je veux parler de la reconnaissance du gouvernement constitutionnel d'Espagne par la cour de Naples. Voilà un de ces faits auxquels je faisais allusion tout à l'heure, qui ne portent pas d'abord avec eux toutes leurs conséquences. Le temps seul peut les développer. C'est aussi un exemple de ces difficultés que rencontre une négociation, et que le public ne peut apprécier.

Ce n'est pas pour glorifier le ministre qui l'a si heureusement conduite que j'indiquerai ici l'importance que peut avoir un jour la reconnaissance de l'Espagne par la cour de Naples. Un intérêt plus grand conduit ma plume. Je ne ferai pas à M. Guizot seul honneur du succès qu'il vient d'obtenir, mais aussi et surtout à mon pays, à cette politique de sage liberté au dedans et de respect au dehors pour les droits des autres peuples, politique que le gouvernement a pu adopter et pratiquer, grâce aux progrès de la raison publique. C'est la France libre, mais calme et pacifique, qui a négocié à côté du ministre des affaires étrangères. A la place de cette politique d'ordre et de paix, mettez une politique turbulente, et la cour de Naples, au lieu de se rapprocher de la France et de reconnaître, sous l'influence de ses conseils, le gouvernement constitutionnel d'Espagne, aurait plus que jamais resserré les liens qui l'unissaient aux Cabinets du nord. Elle serait encore, à l'heure qu'il est, dans les bras de l'Autriche, recevant ses inspirations et voyant d'un œil inquiet tout progrès de l'esprit libéral dans le monde. Sous ce rapport une grande part du succès revient, sans doute, au Cabinet du 29 octobre. La difficulté qu'il y avait à obtenir la reconnaissance du régime nouveau en Espagne par une cour absolue engagée jusqu'ici dans un système opposé, et cela au milieu des circonstances défavorables où les derniers événements de la Péninsule plaçaient notre diplomatie, n'est-elle pas une nouvelle preuve de l'ascendant que sa politique nous a donné en Europe?

Le succès des négociations du Cabinet français près la cour de Naples aura d'abord eu pour résultat de faire entrer dans notre sphère d'action un État important que des sympathies secrètes semblaient jusqu'ici rattacher à la cause de la dynastie déchue; c'est, de plus, un acheminement à un but que poursuit notre politique, le maintien de la famille des Bourbons sur le trône d'Espagne. Mais il y a plus : il peut en résulter un changement important dans la situation de l'Italie, révolution pacifique dont le développement, pour être lent, n'en sera que plus sûr.

Jusqu'à ce moment, la péninsule italienne était complétement livrée à l'influence de l'Autriche. Par ses possessions dans la Lombardie et par l'ascendant qu'elle avait su prendre sur tous les autres gouvernements de ce pays, elle dominait de Turin à Naples. Les événements de 1820, dans le Piémont et dans le royaume de Naples, ceux de 1831 dans la Romagne, en effrayant les gouvernements de ces États et en leur faisant sentir le besoin qu'ils avaient de cette puissance, les avaient jetés sans réserve dans ses bras. C'est à Vienne qu'ils allaient chercher des conseils et une direction politique. Si quelque prince avait pu songer à faire des concessions à ses sujets, des remontrances seraient bientôt venues lui rappeler son vasselage. Il y a quelques années, le duc de Lucques avait eu la pensée d'augmenter le personnel de son conseil d'État ; une dépêche du ministre d'Autriche vint lui signifier le mécontentement que causait à son gouvernement ce qui lui paraissait un commencement de régime constitutionel. Le duc de Lucques répondit, dit-on, avec dignité, en rappelant qu'il était maître chez lui. Mais pouvait-il résister à l'ascendant de l'Autriche ? Ce fait prouve les prétentions de cette puissance, et le droit qu'elle s'arroge de contrôler ce qui se passe dans les États italiens. Parlerai-je du gouvernement romain ? Pendant les désordres qui ont éclaté récemment dans la Romagne, on ne saurait dire ce que le pape craignait le plus, des Autrichiens ou des insurgés. Il sentait que si ces troubles devenaient sérieux, il ne pourrait refuser les services de ses puissants voisins, ou plutôt, il n'aurait pas eu à les refuser, on les lui aurait imposés. On voit combien l'Autriche est maîtresse en Italie. Pour la première fois depuis bien longtemps un gouvernement italien, et un des plus importants, vient de se soustraire à sa domination. Si l'on veut bien apprécier combien, dans cette circonstance, le gouvernement français a dû exercer d'influence sur la cour de Naples, il ne faut pas perdre de vue qu'en se détachant de la coalition des Cabinets du nord sur la question d'Espagne, elle condamnait leur politique, et notamment celle du Cabinet de Vienne ; jamais on n'aurait cru qu'elle eût osé braver ainsi le mécontentement de cette puissance. C'est donc une victoire remportée sur l'Autriche par la France, et une victoire remportée sur un théâtre où elle était habituée à ne rencontrer aucun rival. Le charme est rompu maintenant, et l'influence autrichienne a éprouvé là un échec dont le contre-coup se fera sentir dans toute l'Italie. N'est-ce pas là un de ces résultats dont je parlais tout à l'heure, qui sont dus à la conduite du gouvernement, à l'esprit général qui anime sa politique, à la confiance qu'il sait inspirer au dehors ? Une des conséquences que doit avoir le succès obtenu par notre diplomatie, sera donc de diminuer la haute opinion qu'on avait en Italie de la puissance de l'Autriche : c'est déjà un résultat heureux. La conviction généralement répandue que l'influence de cette puissance y serait désormais prépondérante, jetait les hommes sages dans un profond découragement. Connaissant la répugnance du Cabinet de Vienne pour toute innovation, ils pensaient, avec quelque raison, qu'il mettrait toujours obstacle à toute concession que les princes voudraient faire à l'esprit du siècle : aussi désespéraient-ils de voir jamais ceux-ci entrer d'eux-mêmes dans la voie des réformes. Il faut bien reconnaître, en effet, que l'Autriche ne peut voir sans inquiétude la moindre concession aux idées de progrès dans les autres États de l'Italie : ce serait à ses portes un exemple funeste pour ses provinces Lombardo-Vénitiennes, exemple d'autant plus dangereux que, le voulût-elle, elle ne pourrait l'imiter sans les plus grands inconvéniens pour l'avenir de ses possessions italiennes. Les autres gouvernements de l'Italie pourraient sans danger pour eux faire plus ou moins de concessions à leurs peuples ; car ce sont des gouvernements nationaux, des gouvernements italiens. La position de l'Autriche, vis-à-vis de la Lombardie, est bien différente.

Elle ne régnera jamais sur ces provinces que par le droit de la force, par le droit de conquête. Jamais le génie italien ne s'accordera avec le génie allemand représenté par l'Autriche, c'est-à-dire par le peuple dont la tournure d'esprit, les mœurs, le caractère s'éloignent le plus de ceux des Italiens. La fusion est donc impossible, et la domination autrichienne sera toujours, pour la Lombardie, la domination de l'étranger. On en voit d'ailleurs la preuve dans ce qui se passe dans ces provinces : l'administration y est fort éclairée et fort active; l'Autriche fait tout pour apporter à ses sujets sa dot en bien-être matériel, en améliorations administratives. Eh bien! rien n'a pu lui concilier leur affection, et, sous ce rapport, sa puissance y est aussi peu affermie que le premier jour. Toute concession politique qui laisserait à l'esprit de nationalité plus de liberté pour se produire et se développer, lui créerait d'immenses embarras et tournerait nécessairement contre elle. On voit que c'est une nécessité pour elle de s'opposer chez ses voisins à toute réforme dont l'exemple serait contagieux pour ses sujets. Les Italiens ont donc raison de voir, dans son influence sur leurs gouvernements, un obstacle à tout progrès : de là le découragement des hommes modérés et ces tentatives insensées des partis extrêmes qui demandent à la violence des réformes qu'ils ne peuvent pas attendre de leurs gouvernements, assez peu disposés déjà aux concessions, mais dominés surtout par l'Autriche. Ces tentatives n'ont fait qu'aggraver le sort de l'Italie. Ce qui vient de se passer à Naples peut, en rendant l'espérance aux hommes modérés et en décourageant

les partis extrêmes par la vue de leur isolement, dé-
tendre cette situation violente. L'Italie vient de s'ou-
vrir à l'influence française. Le roi de Naples s'est
livré aux conseils de la France de 1830, et s'est sé-
paré de ses anciens alliés. Il a reconnu le gouvernement espagnol, c'est-à-dire un gouvernement né d'une
révolution. Si le mariage projeté entre un prince na-
politain et la reine d'Espagne s'accomplit, il resserrera
l'alliance entre les deux États. Cette alliance ne doit-
elle pas tôt ou tard tourner au profit de l'esprit de progrès? Le roi de Naples est un prince intelligent, qui a
eu le rare mérite de sentir que son éducation avait été
négligée et qu'il devait la refaire. Qu'il ne se laisse
pas effrayer par l'exemple de ce qui s'est passé en
Espagne ; si les choses en sont venues dans ce pays au
point où elles sont, si une réforme y est devenue une
révolution, c'est à la guerre de succession qu'il faut
l'attribuer. Pour combattre don Carlos et défendre
les droits d'Isabelle, il a fallu faire appel à toutes les
fractions du parti libéral, leur donner, en retour de
l'appui qu'on leur demandait, toutes les concessions
qu'elles ont exigées, armer le pays tout entier et tendre violemment tous les ressorts. On pourrait presque
dire que c'est don Carlos qui a fait la révolution en
Espagne. Sans lui le système de réformes modérées de
M. Zea Bermudez se serait soutenu bien longtemps.

Quoi qu'il en soit des dispositions actuelles du roi
de Naples, on ne se soustrait jamais complétement à
la solidarité et, si je puis m'exprimer ainsi, à la con-
tagion de ses alliances. Il en est un peu des gouvernements comme des particuliers, et le proverbe peut
leur être appliqué dans une certaine mesure. Mais,

dans tous les cas, et quelle que soit l'influence que doive avoir un jour sur la situation intérieure de l'Italie l'acte récent du roi de Naples, il a déjà pour nous un résultat certain, il prouve les progrès de notre influence en Europe.